martin christen

keiner
zu
klein
kein
schwein
zu
sein

kurzstorys & poems

gestaltung, illustrationen, fotos, texte: martin christen

© 2022 Christen, Martin
Herstellung und Verlag: BoD – Books on Demand, Norderstedt
ISBN: 978-3756-2077-32

keiner

zu klein
kein schwein
zu sein

martin christen: tgv, 2021

kurzstorys

mitten im leben

war er sich
abhanden gekommen
und niemand hatte es bemerkt

am wenigsten er selbst
der sich in der ziellosen geschäftigkeit verloren
sich zehntausendfach abgelenkt
und schliesslich zu tode
amüsiert hatte

sein weggezapptes leben
schrammte an ihm vorbei
und eh er sich's versah
war's schon
aus
und
asche

musik

aus dem smartphone
mitternacht war um
regen draussen
drinnen
dunkle fenster

musik aus dem smartphone
füllte den raum
den kopf
verdrängte das denken
bedrängte die gefühle
an diesem tag
diesem abend

stell es ab
sagte die frau
stell es ab
das lärmt
stört die ruhe
macht mich fertig
der krach
wie dein schnaufen
du

sack
regen draussen
drinnen
dunkle fenster
der blutfleck
das messer
die ruhe

kaum

war er
zu hause angekommen
schrillte
der wecker

das hatte der
noch nie getan
in dieser jahreszeit

also setzte er sich hin
hielt die ohren zu
liess den wecker
aus- und zu ende läuten
den schrillen ton ausstossen
wie ein dampfer in seenot

alles war reibungslos
verlaufen bisher
dachte er

und jetzt so ein lärm
so eine tragödie
so ein umsturz

wie sollte es
weitergehen
fragte er sich

und fassungslos
begann er
zu versuchen
nicht
einzuschlafen

sein bart

wuchs
die termine waren eingetragen
das arbeitszimmer
unaufgeräumt
die küche
unfertig

das leben
war ein traum
unwirklich
wie
bungeejumping
aus dem flugzeug

unheimlich
fantastisch die aussicht
die dreissig sekunden am himmel
ein fernes pünktchen am horizont

der boden
raste auf ihn zu
unvermeidlich der aufprall
das ende

aufräumen
mussten
die andern

noch wuchs
sein bart
und unfertig
blieb
die küche

wie sein
leben

niemand

wollte absichtlich
das klima
erwärmen
die umwelt
zerstören
tierarten
ausrotten

und trotzdem taten's alle

absichtlich
unabsichtlich

unwillentlich
willentlich

wären

opfer täter
und
täter opfer
gewesen

wäre
meine mutter
vom kartoffelstock
zubereitet

die automechanikerin
vom auto meines vaters
repariert

meine schwester
vom grossen wohnzimmerfenster
geöffnet

der papst
von den siebenundvierzig initiantinnen
der petition
zur gleichstellung der frau in der katholischen
kirche

mit neunhundertzweiundneunzig millionen
vierhundertsiebenundachzigtausend
sechshundertdreizehn unterschriften
um zwölf uhr
im petersdom zu rom
feierlich
empfangen

worden

und wäre

trump
ein opfer
gewesen

wäre
er
von seinen wählerinnen und wählern
seinen engsten untergebenen
seinen republikanischen abgeordneten

durch
drohungen beleidigungen lügen
fakenews haltlose behauptungen
aufgehetzt worden
zur erstürmung des kapitols

dazu gedrängt worden
mit nachträglichen wahlfälschungen
das wahlergebnis zu kippen

aufgerufen worden
mit einem staatsstreich
seine diktatur auf lebenszeit

zu errichten

und ich

wäre
von den blumen
begossen

vom bett und den hausaufgaben
gemacht

vom weihnachtsbaum
geschmückt

von der wäsche
aufgehängt

vom rucksack
gepackt

von milli der kuh
gemolken

sowie
zum dessert von der linzertorte
verzehrt
worden

und

meine
mutter
wäre
von
mir
geboren
worden

von
mir

ein vogesisches

brautpaar
kaufte sich
letzte woche
einen wunderschönen
silberring

beide
gingen dann
in ein tanzlokal
verkauften
ihren trauschein
und sahen sich
nie
wieder

hätte

sich
alles geliebt
was
sich geneckt
hätte

die geschichte
der menschheit
hätte
anders
ausgesehen

wären

die menschenrechte
tatsächliche
rechte
durchsetzbare
weltweit geltende
verpflichtende
rechte
gewesen

es
hätte
keine kriege
keine unterdrückung
keine diktaturen
keine armut
keine hungersnöte
keine folter
keine vergewaltigungen
gegeben

sondern

die

gerechtigkeit

die
jede einzelne person
jeden alters
jeden geschlechts
jeder grösse
jeden gewichts
jeden aussehens
jeder hautfarbe
jederzeit
würde
verdient
gehabt
haben

die schweine

waren
kluge
empfindsame
anhängliche
haustiere

und
wurden
dennoch
von den
menschen
milliardenweise
misshandelt
exekutiert
gefressen

so
eine

mensch
erei

ein letztes mal

die steuern bezahlt
den laptop eingeschaltet
das fernsehgerät

die blumen gegossen
die haare gefönt
die katzen gestreichelt
die treppe gewischt
die wäsche gewaschen
die fenster geputzt
das velo die zähne die schuhe
aufgeräumt
den keller die ordner und schubladen

zum letzten mal
ein fondue ein nettes buch
einen netten kinofilm
konsumiert
ein letztes mal
gegähnt gestöhnt sich angelehnt
eine letzte frage gestellt
eine letzte antwort gegeben
ein letztes mal geschwiegen

waren die fingernägel
sauber
die zehennägel geschnitten
die haare
war der hals gewaschen
die unterwäsche in ordnung
der reissverschluss zu

und lagst du richtig
bequem flach
so wie's sein sollte
beim letzten mal
auf dem rücken
kopf gerade
arme grade
beine gestreckt
ein feines lächeln
machte sich gut
ein augenzwinkern

dann
letzte ruhe
in frieden
abtreten
deckel drauf
und

ab

die
post

ortografie

reform

am morgen
tappte
im dünn besiedelten
flusssand
ein fleisch fressender
und feuer speiender
flanelllappen
völlig
im dunkeln

er war nicht
im stande
eine grauen erregende gämse
von einem
glühend heissen geschirrreiniger
eine heilig gesprochene hostess
von einem
hart gekochten helikopter
oder einen
staub saugenden seeelefanten
von einem

stecken gebliebenen schwimmmeister
zu unterscheiden

so
blieb er
im unklaren
ob das ohmsche gesetz
im nachhinein
nicht doch noch
unrecht
behielte

wie

meinten sie das
fragte ich eine bekannte
nachdem sie mir
die zähne eingeschlagen

woran dachten sie
fragte mich der zahnarzt
als er mir die halsschlagader
durchbohrt

was hieltest du von mir
fragte die frau
das knäblein
das sie gerade geboren

wer war ich
fragte ich mein spiegelbild
als ich
abgedrückt

damals

demonstrierten sie wieder
die jungen
friedenshetzer
klimaterroristen
gerechtigkeitsvergifter

doch
WIR
waren
das volk

und wussten
was wir
taten

friederike

hatte vorsichtig
die schranktüre
geöffnet
war hineingetreten
und hatte bedächtig
das geheimnis gelüftet
das die truhe in der hinteren
linken schrankecke
barg

ihr
herz

frisch
gestrichen
und
vor freude
hüpfend
wie
ein fohlen
vor der
hin
richtung

meine hurtenhinde

auf dem felde
bewachten mich
meinen geist
und
meine gedanken

der eilige geist
verfolgte
meine hinde
auf dem felde
jagte ihnen
hinterher
wollte sie
packen fangen entführen
denn er war ja
hinter mir her
hinter mir
wollte über mich
kommen
gegen den willen
der hurtenhinde

wollte mir

den stress austreiben
den freien geist
den freien willen
die freiheit rauben

doch die hurtenhinde
waren schneller
verschlagener
schlauer
als er
der
eilige geist

nur ich
war
schwach

verehrte abwesende

vom hiesigen
turnverein
war ich beauftragt worden
eine rede zu halten
hier
an diesem ort
zu jener stunde
nämlich
die folgende

die zustände
in den garderoben
spotteten jeder
beschreibung

ebenso
im eimer
waren
die duschen
die turnmatten
schirmständer
und
reckstangen

völlig unbrauchbar
waren sämtliche
spielgeräte
trillerpfeifen
langbänke
ersthilfeboxen
barren
und
böcke

vom schimmel
befallen
waren
wände
türen
schränke
decken
und böden

unerträglich
war auch
der
grauenhafte gestank
der
sämtlichen
turnhallenkellerräumen
entströmte

mit
den überresten
des vergangenen
turnfests

2
überfahrenen eichhörnchen
5
erschossenen schosshündchen
einer
erwürgten milchkuh
und
227
ums leben gekommenen
turnern

das

war

's

die gräber

am rand
meines liegestuhls
blinkten verträumt
richtung tragnetz
wo
die letzten tomaten
erfroren
lauschten

nein

nein
nein

nein
hatte ich gesagt
nein nein nein
nein
nein
nein

nie im leben
nein
nein
nein

du warst nichts
du konntest nichts
du wurdest nichts

nein
nein
nein

achtzig prozent

der bevölkerung
gehörten
zu den nichtstinkerinnen und nichtstinkern
und als solche
kamen auch alle
auf die welt

doch obwohl sie
die grosse mehrheit ausmachten
wurden sie
über die minderheit
negativ
definiert

dies deshalb
weil
hinter den stinkerinnen und stinkern
eine milliardenschwere
stinkreiche
stinkindustrie
stand
die
ihren stinkreichtum

dem verkauf
ihrer süchtig machenden stinkprodukte
an die stinksüchtigen
verdankte
an deren konsum
alljährlich weltweit millionen von
stinkerinnen und stinkern
unter qualen
umkamen

und die
mit einem teil
dieser durch die bewirtschaftung der
stinksüchtig gemachten
stinkerinnen und stinker
erzielten milliardenprofite
stinkfrech
regierungen
politik
wirt
und
gesellschaft
manipulierten
und
erpressten

so
war

das
gewesen

genau
so

alle menschen

waren vor dem gesetz
gleich
niemand durfte
wegen seines geschlechts
benachteiligt oder bevorzugt
werden

die religionsgemeinschaften
durften
die rechte der bürgerinnen
nicht beeinträchtigen

jede frau
hatte das recht
sich ihre meinung
frei zu bilden
jede schweizerin
hatte das recht
auf ausübung eines berufs

jede frau
der die bewegungsfreiheit
entzogen wurde

hatte anspruch
auf rechtliches gehör
vor einer richterin

der unterricht
an öffentlichen schulen
hatte die persönlichkeit
der schülerinnen
zu achten
die lehrerinnen waren
an die staatlichen lehrziele
gebunden

jede frau
konnte
vorschläge unterbreiten

jede stimmberechtigte
war befugt
einsicht in die akten
zu nehmen

alle schweizerinnen
hatten das recht
der freizügigkeit

der grosse rat
wählte

die präsidentinnen
der kantonalen gerichte
und verlieh
das kantonsbürgerinnenrecht
an ausländerinnen

das präsidium des grossen rats
bestand
aus der präsidentin
und zwei vizepräsidentinnen

der regierungsrat wählte
die landamtsfrau
und die landstatthalterin

durch gesetz
konnte
das amt der kantonalen ombudsfrau
geschaffen werden

aus: verfassung des kantons aargau

alle personen- und funktionsbezeichnungen
bezogen sich
auf alle geschlechter

am anfang

schuf die göttin
himmel und erde

und die göttin
sprach
es werde licht

und die göttin
sah
dass es gut war

und die göttin
machte
die tiere auf erden

und die göttin
sprach
lasst uns
frauen machen
und die göttin
schuf
die frau
ihr zum bilde

und die göttin
pflanzte
einen garten in eden
und setzte die frau
hinein

und die göttin
sprach
es ist nicht gut
dass die frau allein sei
ich will ihr
eine gehilfin machen
die um sie sei

da liess die göttin
einen tiefen schlaf
fallen
auf die frau
und sie schlief ein
und sie nahm
eine ihrer rippen
und die göttin
baute eine männin
aus der rippe
die sie von der frau
nahm
und brachte sie zu ihr

da sprach die frau
das ist doch
bein von meinem bein
und fleisch
von meinem fleisch
sie wird
männin heissen
darum dass sie von der frau
genommen ist

und sie waren beide
nackt
die frau und die männin
und schämten sich
nicht

aus: die heilige schrift

alle personen- und funktionsbezeichnungen
bezogen sich
auf alle geschlechter

meine damen

und herren
liebe schülerinnen und schüler
verehrte anwesende

ich war von der hiesigen
schulleitung
mit der ehrenvollen aufgabe betraut worden
hier in diesem
versammelten saal
eine abschlussrede
eine austritts-, abtritts-, entlassungs-
schluss- respektive schulschluss-
oder besser
schuljahresabschluss- und abschiedsrede
zu halten

nicht
weil
wie sie vielleicht jetzt
hätten gedacht haben können
ich mich
von ihnen oder euch
meine schülerinnen und schüler

hätte verabschieden wollen
oder müssen oder sollen oder dürfen
sondern umgekehrt
weil ihr euch
davonmachtet
aus dem
schulstaub
fort ins leben
ranntet
in die
zukunft
hinaus in die schöne
weite welt voller duft und
abenteuer
in die erwachsenenwelt
in die welt des
geldes
und des geizes
in die harte, brutale, kleinkarierte, bornierte
fassadenwelt
der geschäfte, banken, armeen und
schwätzer
dorthin
wo der pfeffer
nicht mehr wuchs
wo keine blumen mehr
blühten
wo nur die materie

zählte
die oberfläche
das nichts

in die leere
entliessen wir euch
ins
chaos
in die
anarchie
in die
schwerelosigkeit des
ungeistes

es fiel mir die schöne
pflicht anheim
euch mit einigen
geistreichen und belanglosen
worten
die hand zu
drücken
in eure schweissnassen augen
zu blicken
die lippen zu
schürzen und zu
wispern

so gingt ihr denn

wohin
der wind euch
wehte
schautet
nie mehr
zurück
aber auch nicht
vorwärts
wie das euch
die lieben erwachsenen
vorgelebt
hatten

punkt

hauen sie

ab
hatte der
priester
gesagt
nachdem
ich ihn
gefragt hatte
wie er
gestern
geheissen
hätte

dort
unter der
brücke

mitten in der woche

mittwoch
war es gewesen
als
der künstliche sonnenuntergang
die menschheit
auslöschte

auch der hund nebenan
hatte aufgehört
zu
bellen

aller guten dinge

waren drei

mann
maus
tot

fisch
vogel
tot

freund
feind
tot

herr
hund
tot

mutter
kind
tot

lach
dich

tot

hier

hatte ich
aufgehört
genau
hie

martin christen: tgv 2021

poems

auch

maria
hatte nicht

abgetrieben

WO

der betonierte
geist
zuschlug
wuchs
kein gras
mehr

erst

wenn's
zu spät
gewesen wäre

immer erst
wenn's

erst
als es
zu spät
war

rasch

noch vor dem
abgrund
ans kreuz mit
ihm

doch
nicht zu schnell
giesst essig
nach

denn grausamkeit
verbessert
den
geschmack

die betreiber

und verwalter
des blindekuhspiels
berieten noch immer
über die
ausführungsbestimmungen
der
sechsten regel

denn
einfacher
als die binde
sei
die
blendung

noch

zugefrorenes gesicht
trug
dein eis
nicht

noch
fröste des herbstes
war es zeit
die kufen zu wetzen

doch
zugefrorenes gesicht
deine zunge
war
voller spalten

hier

ruhte
der letzte
archenbauer

warum
gott
hast
du
ihn
verlassen

hörtest du

baum
im gehölz der seele
das geknatter
der motorsägen

spürtest du
seele
im geknatter
der motorsägen
deinen
baum

was
mensch
hast du
getan

in der wüste

seiner
zu tode getrockneten
ideale
lehrer m.
orientierungslos
verirrt
in den staubdünen
verdorrter sätze
ausgestopft
mit abgegriffener routine

das vorbild
der
jugend

da

die todesstrafe
abgeschafft war
drohte
dem papst
nicht die
kreuzigung

die letzte rose

im knopfloch
der zeit
entging
knapp
dem feuer
aus
stein

der mond wäre

aufgegangen
wäre der mond

auf

als monde
auf
und
erden
unter

natürlich

mussten
natur und landschaft
integriert werden
in die
technisierte
welt

natürlich
mussten sich
mensch
flora und fauna
der völkerverbindenden
ingenieurkunst
unterwerfen

natürlich

auch

eine
super
reiche
leiche
war
tot

tot

einfach
tot

wo die hoffnung

im beton
erstickt
niedergewalzt
geteert
abgeholzt

wo die landschaft
der seele
entsumpft
begradigt
planiert
wurde

der betonierte mensch
im selbst gebaggerten
grab
wird schon
gewusst gehabt

warum

fleischgewordene

wörter
in den wörterbüchern der menschheit
ihr
schlugt sie
nach
die in dunkelhaft gemästeten
satzfetzen

du
schlugst zu
leichenfleisch
gewordener mensch
deine
zu tode getopften finger
fresslustig geordnet
grinsten
auf den elektrischen tellern
deiner seele

um

wie viel
klarer
als
menschliche worte
war
die sprache
der gewehre
panzer
und
bomben

fern

jeglicher zivilisation
inmitten seines
regenwäldchens
hatte sich
wurde gemeldet
der letzte
der
noahs
erhängt

ich

wurde geboren
um
täglich aufzustehn
um
sechs
um
zu reden
über den stein
in meinem schuh
um
die traurigkeit
zu vergessen
und
den grund
warum
ich
geboren
wurde

als man sich

einige untergänge
vorstellte
in blumigen farben
grandios
wie leuchtraketen
seeschwalben
in der dämmerung
und
sie sich vergegenwärtigte
als
wahrscheinliche möglichkeit
realistische gegenwart
als
sachzwang

dose auf
bier rein
schwamm drüber

wie ein

schweigemarsch
im schatten deiner gefühle
den raum betrat
atemlos
in der stille
öd im gesicht
stand er
auf
und
gab
gas

sieben

raben
flatterten leise
gelb
motorisiert
in den köpfen der kinder
belauschten
die väter
umnebelten
die mütter
auf kinderstühlen
in braunen und grünen
wäldern

nur
die lehrerin
stand schon
am
kochherd

alle

waren gegen
die zerstörung
von natur
und umwelt

nur
nicht
das
volk

lieber

keine
zukunft
als nur
mit
100

ohne zu sprechen

sprach sie
ohne zu atmen
atmete sie
ohne zu essen
ass sie

zahnlos
ihr mund
mundlos
ihr kopf
kopflos
ihr herz
herzlos
ihr tod

warum
fragte sie sich
ohne
zu
fragen

als sie

nicht mehr weiter wusste
und sinnlos
nach papier und bleistift
griff
um festzuhalten
dass sie nicht mehr
weiter wusste
weder warum noch
wohin
tauchte sie auf
die kirsche im spiegel
lächelte sie an
fiel vom zweig
und zerplatzte
unter den
rädern
des grossen
möbelwagens

lieb mich

komm her
lieb mich
so wie ich war
halt mich
tröst mich
nimm mich

und gott
im botanischen garten
schaute zu

komm her
nimm platz
schau zu
lass zu
fass mich
nicht an

ohne mich

konnte ich
nicht leben

ohne dich
konntest du
nicht leben

ohne sich
konnte sie
nicht leben

mit mir

musste
ich
leben

mit
dir

nicht

der mutigen

gehörte
die welt

jede
war sich selbst
die nächste

was die bäuerin
nicht kannte
frass sie nicht

die klügere
gab nach

der mann
war die visitenkarte
der frau

selbst war
die frau

wie die mutter
so die tochter

wenn zwei
sich stritten
freute sich
die dritte

jede war
ihres glücks
schmiedin

edel war
die frau
hilfreich
und gut

die
frau
dachte
die
göttin
lachte

unser leben

glich der reise
einer andern
in der
nacht

tratst im

morgenrot daher
sah ich dich im
strahlenmeer
dich du
hoch erhabene
herrliche
wenn der alpenfirn
sich rötet
betet
schweizerinnen
betet
eure fromme seele ahnt
eure fromme seele ahnt
göttin
im hehren mutterland
göttin die frau
im hehren mutterland

aus: schweizerpsalm, nationalhymne

*die personen- und funktionsbezeichnungen
bezogen sich
auf alle geschlechter*

wenn's einer

nicht im kopf
hatte
nicht in den beinen
in den
zehen knochen turnschuhen bügelfalten
auch nicht
im kleinhirn

wo dann
liebe
zuschauerinnen
wo dann

deine stille

stand draussen
vor dem fenster
starrte dich an
winkte dir zu
verschämt
diskret
unauffällig
bevor sie sich
abwandte
langsam entschwand
in der dunkelheit
dich
zurücklassend
in deiner verzweiflung
hoffnungslosigkeit und
leere

also
kopfhörer
auf
gedröhn
rein
gekreisch

gedröhne
geknatter

für katze und hund

warst du
göttin königin schicksal
sie waren dir
ausgeliefert
du entschiedest über
leben tod
anfang und ende

sie waren dir anvertraut
du sorgtest für sie
gabst ihnen futter
spieltest mit ihnen
beschütztest sie
fügtest ihnen kein leid zu
liebtest sie

sie vertrauten dir
sie liebten
umschmeichelten liebkosten
verehrten
dich

der bauer war
gott könig schicksal
für kalb und schwein
die ihm ausgeliefert
anvertraut waren
für die er sorgte
die er fütterte und beschützte

sie vertrauten
ihm
liebten umschmeichelten
verehrten ihn
als ihren meister
und gott

und
der bauer
liebte seine tiere
fügte ihnen kein leid zu

bis
er
sie
umbrachte

kaltblütig
herzlos
einfach so

du
liebtest
das
lebende
wesen

er
die
getöteten
stücke
fleisch

er liebte

sich
nicht

ging sich
auf die nerven
hasste
belog
betrog
sich

konnte sich nicht
ausstehn
hatte sich satt

suchte
fand
begleitete
sich
nicht

war allein
mit sich
ganz allein

und stets
überfordert

so
dass
er
sich
nicht
überlebte

selbstdisziplin

wozu

meine zukunft

war mir
egal
denn
ich hatte
keine

zu alt
zu unfähig
zu unsportlich
zu
unzufrieden
unglücklich
enttäuscht

meine ziele
unerreicht

meine beziehungen
gescheitert

mein leben
in
trümmern

ich hoffte
wenigstens
der fc
gewänne
das nächste
spiel

du

starbst
einen sinnlosen tod
lehrer

das
war
der lohn
für deine hingabe
dein engagement
deine
liebe

er
lebte
ein sinnloses
leben
der mörder
vernichtete
in feiger
wut
zwei leben
deins
und seins

spul
mörder
schnell zurück
den film
gib ihm
dem lehrer
noch eine chance
denn
mit vierunddreissig
stand er mittendrin
im leben

die kinder
seine
hoffnungen pläne ideen
sie
brauchten
ihn
wir
brauchten
ihn

2 leben
1 tat
1 mörder
1 toter
1 schulhaus
1 tag im januar 1999

und
0 worte

warum

setztest du
um
gottes willen
nicht
deinen willen
durch

zuerst
mal
bei
dir selbst
du
kleiner

bei dir selbst
du
niete

erst
dann
wärst du
bereit
dich

und deinen willen
durchzusetzen
bei mir
bei ihr
bei ihm
bei uns euch ihnen

du
pflaume

du dort

hinter der hecke

warum
redetest du
nicht mit dir
bliebst stumm
verstockt
dir gegenüber

denn
du
warst ja
nicht allein
warst stets
zu zweit
auf deinem
weg

du
hättest
sprechen können
dir gut zureden
dich ermutigen

dich trauen
können

du dort
hinter der hecke

das glück

das du suchtest
mensch
war in dir
selbst

du
mensch
warst selbst
dein glück

du wärst
glücklich
gewesen
hättest du
erkannt
dass du
hundert prozent in ordnung
warst
so
wie du
warst

der ast

auf dem
die
menschheit

schnell

noch
1
gedicht
vor mitternacht

bevor
der strom
ausging
die decke
einstürzte
der bundesrat
zurücktrat

1
gedicht
kurz vor
dem klirren
der fensterscheiben
dem zwölften
glockenschlag
der ruhe
vor dem sturm
dem totschlagen

der zeit
der geburt
des schwiegersohns
dem fällen
der trauerweide

noch
eins

aber
schnell

wie der hund

zitterte
vor
angst und schrecken
kälte und hunger
müdigkeit und nässe

die kalte tatze
in
meinem nacken
tröstete
mich

ich fürchtete mich

nicht
denn
meine beine
waren
geschwind
wie der
wind

der fussgängerstreifen
blieb
nur kurze zeit
rot

die weltraumfahrt

hatte
der menschheit
viel positives
gebracht

zum beispiel
das tote
meer
sah man
kaum

pro tag

verbrauchte
er
zwei
zahnstocher
zwei
tuben
essigsaure tonerde
einen
eukalyptusbaum
drei
eidechsen
fünf
pfirsiche
und
einen liter
knochenmehl

trotzdem
hatte er
erst
in zwei monaten
geburtstag

meine geduld

hing
an einem
goldenen
faden

doch
die peitsche
in mir
knallte
knallte
und
knallte

meine grossmuter

starb
vor langer
zeit

mein grossvater
starb
einige zeit
später

mein vater
starb

meine mutter
starb

und
ich
als ich tot war
also
gestorben

ich

war
nur
schwer
zu
ersetzen

den süchtigen

gehörte
die
welt

auch

deines
nächsten
lunge
war
ein
filter

die

schnitt
gemusterte
frau

geformt

nach dem
willen
des
geist
gestörten
manns

unter applaus

wurde
je
in der krippe
liegend
im stalle zu
be
an den
meistbietenden
versteigert

für
tausend milliarden
kam er zu
ne

mein vergaser

war
verstopft
meine felgen
rosteten
meine kupplung
schleifte

die angst
vor dem
leben
liess mich
manches
vergessen

zum denken

fehlte
uns
die zeit

zum leben
fehlte uns
die zeit

unsere
herzschrittmacher
liefen
wie geschmiert

was sie damals

dort
gesehen haben
verehrte
gäste
waren die
überreste
des einstigen
regenwalds

alles andere
war
vernichtet
zerstört
zu wüste
geworden

drum
wäre das
liebe gäste
ihre letzte
gelegenheit
gewesen
noch ein letztes

ein
allerletztes
mal
zuzuschlagen

in gestrecktem

galopp
ordnung
gemacht
luft
geholt
käse
geraffelt

wann

tür zu
vorhang zu
schirm zu

die

sterbesakramente
hatte er
empfangen

nun
konnte
es

losgehen

der frühling

in meinen
kieferhöhlen
blühten schon
die
krokusse

die blume

am wegrand
liess sich
nicht
kaufen

nur
zertreten

die wälder

bestimmt
für den bau
der arche
waren
längst schon
gerodet

die waschmaschine

in den
gedärmen meiner
seele
wusch
schon lange
phosphatfrei

sterbende
bäume
sterbende
nashörner
sterbende
kinder
waren noch lange
kein argument
gegen
die
rendite

auch die donnerstage

hatten ihr
gutes

die
mittwoche
waren vorbei
und
die freitage
konnten
kommen

dort

wo
gott hockte
stand ubs
drauf

cs
nestlé
coca cola

unsere mutter

die du warst
im haus
und im garten
im keller
im estrich
beim shoppen waschen
und flicken
saugstauben sticken
und stricken
beim kochen
füttern und jäten
rasen mähen
sonnenblumen säen

ob
online
und offline
tagein und tagaus
immer zu haus
in ewigkeit
aber

unsre mutter

stieg aus
hielt's nicht mehr
aus

applaus
applaus

niemand

brauchte
mehr
zu töten

alles
war
fein säuberlich
hygienisch
verpackt

kein letztes
zucken
nichts schloss
zum letzten mal
die augen
keine gebrochenen
letzten blicke
keine
todeskämpfe
kein
verbluten
kein
letztes zittern

weder
todesängste
noch
todesgebrüll
kein letztes verzweifeltes
quieken
muhen
wiehern
blöken
gackern
schnattern
kein stechen und schlagen
schneiden
sägen
reissen

nur
harmonische
sphärische
ätherische
klänge
in der
supermarkt
tier
pathologie

es wurde ja
niemand

umgebracht
niemand getötet
gekillt

alles war rechtens
denn
kein tier
der welt
hatte
ein recht
auf
leben

schuld

waren immer
die andern

die andern
die dich dazu
gebracht verführt gezwungen
hatten
dies und das
zu tun
dies und das
zu sagen
zu kaufen
zu wollen

schuld
warst sicher nicht
du
denn du
warst immer
das opfer

wehrlos
willenlos

rückgrat
los

null

selbstkompetenz
null
eigeninitiative
null
einsicht

gefangen
in der
selbstlüge

sich suhlend
im schein
des guten

sich stützend
auf
geistlose
faktenfreie
herzlose
werte

oh

wie bereuten es
die mütter
der putins
nicht
abgetrieben
zu haben

obwohl er

stets
wie ein offenes messer
herumlief
brauchten
seine zwei katzen
keine angst
zu haben

noch

und alles

wurde
gut

wirklich
alles

wirklich
gut

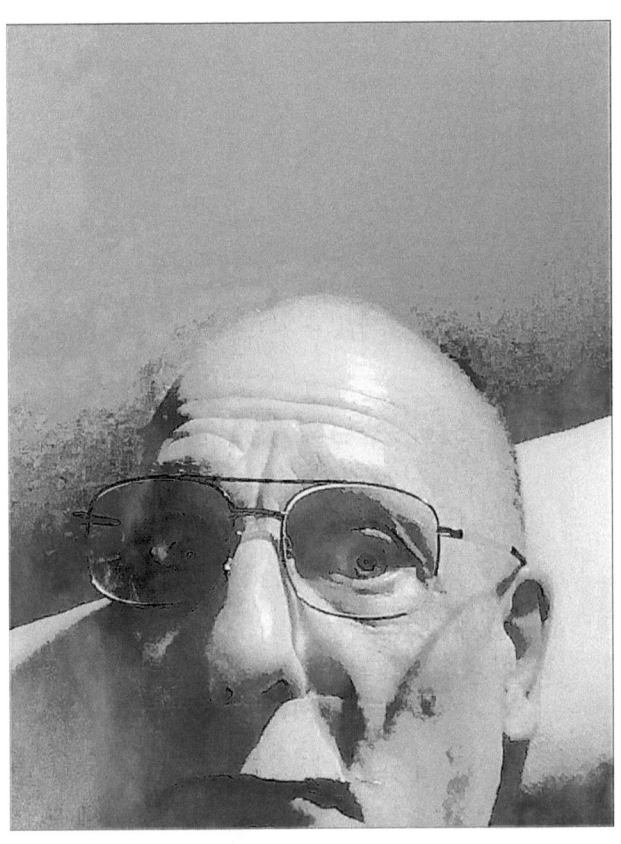

martin christen
1949 in rothrist ag, schweiz, geboren
ausbildung an der universität zürich
bezirkslehrer in spreitenbach ag bis 2014
publikationen
- todsicher. ein stück beznau. bod 2016
- kunststiftung als kunstfälscherin. dokumentation. 2018
- der sarg. roman. bod 2020
- achgott. und andere dialoge. bod 2021
- ich - dazu fällt mir nichts ein.
kurzstorys und poems. bod 2022
- reportagen aus amerika. bod 2022
- keiner zu klein kein schwein zu sein. poems. bod 2022

Reportagen aus Amerika

Vortrumpsche literarische,
ungewöhnliche, sozialkritische
Reportagen mit einem Update
am Schluss:
Nichts ist mehr, wie es mal war.
BoD 2022

Achgott.
Und andere Dialoge.

Die Gespräche zwischen Achgott
und Heidn sind aufgrund ihrer
unterhaltsamen, oft witzigen,
ironischen Art und ihres Inhalts
auch für ein breiteres Publikum
von Interesse, ob dieses nun an
Gott glaubt oder dessen Existenz
negiert.
Und die «anderen Dialoge» sind
sowieso humorvoll.
Bod 2022

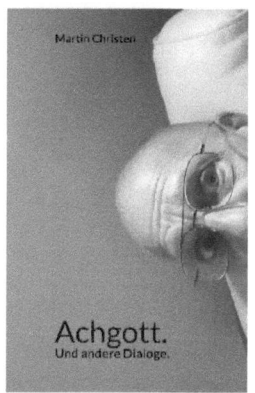

ich – dazu fällt mir nichts ein
kurzstorys und poems

gedichte und kurztexte – auf den
punkt gebracht.
selbstkritisch, ironisch, tiefsinnig,
hart.
bod 2021

Der Sarg
Politkrimi

Plötzlich ist er da, aufgetaucht aus
dem Nichts: Der Sarg.
Wie Heiden, pensionierter Lehrer
und Politiker, auf diese Herausfor-
derung reagiert, erzählt dieser
aussergewöhnliche Politkrimi.
Bod 2022
Neuauflage BoD 2022 unter dem
neuen Titel
Sein Sarg.

Todsicher.
Ein Stück Beznau.

Supergau im ältesten AKW der
Welt.
Ein realitätsnahes Vierper-
sonenstück, das unter die Haut
geht.
Todsicher
BoD 2016

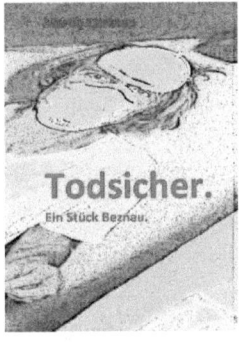

herzlichen dank

meiner tochter
kritische, neugierige, beharrliche
augenöffnerin

n. ryser
ideenlieferant, feedbackgeber, jeden
einzelnen aspekt aus verschiedenen
perspektiven hinterfragender

h. sonderegger
achtsam und sorgfältig zwischen den zeilen
lesender